AF509841

CATALOGUE

DE

LA BIBLIOTHÈQUE PUBLIQUE

DE LA VILLE

De Villeneuve-sur-Lot

(LOT-ET-GARONNE.)

VILLENEUVE.

IMPRIMERIE DE X. DUTEIS, RUE GALAUP.

—

1858.

Le Sceau de la Mairie est apposé sur les 1re et 33e pages

de chaque ouvrage de la Bibliothèque de Villeneuve.

CATALOGUE

DE LA

BIBLIOTHÈQUE DE VILLENEUVE.

A

1 Abrégé de l'Histoire romaine d'A. Florus, traduction de M. Camille Paganel, Paris, 1837, 1 vol. in-8°.

2 Algérie (l'), par le baron Baude, Paris, 1841, 2 vol. in-8°.

3 Antiquités gauloises et gallo-romaines de Mantes (Seine-et-Oise), par Armand Cassan, 1835, brochure in-8°.

4 Application de l'algèbre à la géométrie, par M. Bourdon, Paris, 1837, 1 vol. in-8°.

5 Archéologie navale, par A. Jal, 2 vol. in-8°, ornés de 70 vignettes.

6 Archéologie de la Lorraine, par L. Beaulieu, Paris, 1840, 2 vol. in-8°.

7 Archives historiques de la France et des pays étrangers pour 1830, 12 livraisons in-8.

8 Archives curieuses de l'Histoire de France, par F. Danjou, Paris, 1834—1840, en deux séries : la première, en 15 vol. in-8°, la deuxième, en 12 vol. in-8°.

9 Association des Douanes allemandes, par MM. P.-A. de la Nourais et C. Beres, Paris, 1841, 1 vol. in-8°.

10 Architecture arabe et monuments du Kaire, par Pascal Coste, Paris, Firmin Didot, 1839, 1 vol. in-fol. texte et gravures.

11 Album cosmopolite ou Choix des Collections de M. Alex. Vattemare, publié sous la direction de M. P. Henrichs, 20 livraisons (en feuilles) in-fol.

12 Album de l'Ornemaniste, publié par Emile Lecomte, 1833, 1 v. in-fol.

13 Arts (les) au moyen-âge, album par M. Du Somerard, 2 vol. in-fol.

14 Ancien (l') Bourbonnais, histoire, monuments, mœurs, statistique, par Achille Allier, gravé et sténographié sous la direction de M. Aimé Chenavard, Moulins, 1833-1837, 24 livraisons de texte et 24 livraisons de planches, le tout in-fol.

15 Antiquités mexicaines, Paris, 1834, 2 vol. in-fol. avec gravures.

16 Archives historiques et ecclésiastiques de la Picardie et de l'Artois, par P. Roger, Amiens, 1842 et 1843, 2 vol. in-8°.

17 Atlas national des 86 départements et des possessions de la France, illustré par Levasseur, publié par Combette, Paris, 1845, 100 feuilles et un titre orné.

18 Archives de Nevers, par Parmentier, Paris, 1842, 2 vol. in-8°.

19 Annales de Villeneuve-sur-Lot et de son arrondissement, par Auguste Cassany-Mazet, Agen, 1846, 1 vol. in-8°.

20 Animaux parlants (les), poème épique, par J.-B. Carti, traduit en français par P. P. Liège, 1818, 3 vol. in-12.

21 Annuaire historique de 1838 à 1853, inclusivement, 16 vol. in-12.

22 Art d'arriver au vrai, par Balmés, 1 vol. in-12.

23 Annales patriotiques, de 1791 à 1792, 6 vol. g. in-8°.

24 Appel nominal contre Marat, brochure in-12.

25 Adresse de la Société des Amis de la Constitution, de Villeneuve, brochure in-12.

26 Acte d'Accusation contre plusieurs membres de la Convention Nationale, brochure in-12.

27 Agriculture raisonnée, par l'abbé Picard, 1844, 1 vol. in-12.

28 Aliénés (des), par Ferrus, médecin de Bicêtre, 1834, 1 vol. in-8°.

29 Ampéléographie, par le comte Odart, 1 vol. in-8, 3e édition.

B

1 Biographie des hommes remarquables de Seine-et-Oise, par H. Daniel de St-Antoine, Paris, 1837, 1 vol. in-8°.

2 Bases (des) de l'ordre social, par Joseph Rey, de Grenoble, 1836, 2 vol. in-8°.

3 Bernard Palissy (œuvres complètes de) avec une notice historique, par Paul Antoine Cap, Paris, 1844, 1 vol. in-12.

4 Beautés morales de Shakerpeare, traduction d'Edouard Roger, Paris, 1842, 1 vol. in-12.

5 Bible (la sainte) vengée des attaques de l'incrédulité, par l'abbé Du Clot, 1851, 3 vol. in-8°.

6 Béranger (œuvres complètes de), 1834, Ed. Perrotin, avec le supplément 1848, 4 vol. in-8° avec gravures.

7 Bon Chevalier (le), par Michaud, 1829, 1 vol. in-18.

8 Budget (le) mis à la portée de tout le monde, par C. F., 1849, brochure in-8°.

9 Bouquet (le) royal, de Redouté, 4 roses et portrait de Redouté.

10 Bulletin décadaire, an vii et an viii, 40 bulletins in-12.

C

1 Campagne pittorresque du Luxor, par Léon de Joannis, Paris, 1835, brochure in-8° avec un atlas in-fol.

2 Campagne de Circumnavigation sur la frégate l'*Artemise*, par M. de la Place, Paris, 1842, cartonné, 3 vol. in-8°.

3 Chants populaires des Serviens, traduits par Mme Elise Voïart, Paris, 1834, 2 vol. in-8°.

4 Charte Latine sur papyrus d'Egypte de l'année 876, Paris, 1835, avec note de l'école royale des Chartes, cahier in-fol.

5 Chartes Latines sur papyrus du vi^e siècle de l'ère chrétienne, publiées par Champollion-Figeac, Paris, Firmin Didot, 1837, cahier in-fol.

6 Chartes et Manuscrits sur papyrus, collection de Fac-Simile, par

Champollion – Figeac, Paris, Firmin Didot, 1840, cahier in-folio.

7 Chroniques chevaleresques de l'Espagne et du Portugal, par Ferdinand Denis, Paris, 1839, 2 vol. in-8°.

8 Code Pénal de la Marine anglaise, par Laignel, 1837, broch. in-8°.

9 Clinique Médicale, par Andral, 1854, 3 vol. in-8°.

10 Compiègne et les Environs, par Léon Ewig, Paris, 1836, 1 vol. in-8°.

11 Congrès Scientifique de France, 1re session, Caen, Juillet 1833, brochure in-8°.

12 Congrès Méridional, 1re session, 1834, brochure grand in-8°.

13 Constitution de l'Univers, par Azaïs, Paris, 1840, 1 vol. in-8°.

14 Correspondance de l'Empereur Maximilien Ier et de Marguerite d'Autriche, sa fille, 1507-1519, par M. Le Glay, Paris, 1839, 2 vol. grand in-8°.

15 Cours de Philosophie, par Ph. Damiron, Paris, 1837, 3 vol. in-8°.

16 Crimes célèbres, par Alex. Dumas, Paris, 1839-1840, 3 doubles vol. in-8°.

17 Cartes Géographiques et Marines du dépôt général de la marine, 64.

18 Chefs-d'OEuvre poétiques de Thomas Moore, par O. Sullivan, Paris, 1841, 1 vol. in-8°.

19 Capitulaires de Charlemagne, en latin, Paris, 1603, 1 vol. in-12.

20 Coutumes, Mythes et Traditions des provinces de France, par Alfred de Nore, 1846, 1 vol. in-8°.

21 Chants pour Tous, par M. de Foudras, 1842, 1 vol in-8°.

22 Carte d'Europe de Brué sur quatre feuilles réunies, Logerot, éditeur, 1854 (placée dans la salle du conseil).

23 Cartes du théâtre de la guerre d'Orient, par Sagansan, sur deux feuilles séparées 1854 (placées dans la salle de la Mairie).

24 Confessions (les) de J.-J. Rousseau, Barbier, 1846, 1 vol. grand in-8°, édition illustrée.

25 Choix de Plutarque, par Laurentie, 1830, 1 vol. in-18.

26 Chronique de Du Guesclin, par Michel, 1830, 1 vol. in-18.

27 Choix de Dialogues des Morts, par Laurentie, 1830, 1 vol. in-18.

28 Choix de Poésies orientales, par Michel, 1830, 1 vol. in-18.

29 Choix de Poésies contemporaines , par Janin , 1829 , 1 vol. in-18.

30 Constitutions Françaises (les), par Louis Tripier, 1849, 1 vol. in-12.

31 Commentaire des Lois de la Presse, par de Grattier, 1847 , 2 vol. in-8°.

32 Cent Traités ou Instruction pour le Peuple , 1848-1850, 2 vol. grand in-8°.

33 Codes Français (les) , par Royer Collard , Marescq , 1855 , 1 vol. in-8°.

34 Coup d'OEil sur la Police , par Anglade , 1847 , brochure in-12.

35 Coutumes de Beauvoisis, par Philippe de Beaumanoir, 1842 , 2 vol. in-8°.

36 Cieutat (les), ou Siége de Villeneuve , par Eugène Nyon , 1845 , 1 vol. in-8°.

37 Collection des Relations de Voyages par mer et par terre, en Afrique, par Walckenaer, 1842 , 21 vol. in-8°.

38 Crimes de Robespierre, an III, 1 vol. in-12, broché.

39 Compte-Rendu par la Société des Gardes Nationaux en 1790, broch. in-12.

40 Catéchisme Républicain , an II, brochure in-12.

41 Cours Élémentaire de Dessin , album in-4°.

42 Chefs-d'OEuvre de Sakespeare , par O. Sullivan, Paris, 1836, 1837, 1839 , 3 vol. in-8°.

43 Carte de l'arrondissement d'Agen , par Samazeuilh.

44 Contemporaines (les) ou Aventures de Jolies Femmes , par Rétif de Labretonne , Leïpsick , 1782 , 11 vol. in-12.

45 COLLECTION DES DOCUMENTS INÉDITS SUR L'HISTOIRE DE FRANCE , de 1835 à 1847 , in-4° :

— Archives Administratives de la ville de Rheims, par P. Varin, 6 vol.

— Correspondance et Dépêches de Henri d'Escoubleau de Sourdis , par Eugène Sue, 3 vol.

— Chronique de Bertrand Du Guesclin , par E. Charrière, 2 vol.

— Chroniques Religieuses de St-Denys , par Bellaguet, tomes 1 , 2 , 4 et 5 (le 3me manque).

— Cartulaire de l'Abbaye de St-Père de Chartres, par Guérard, 2 vol.

— Cartulaire de l'Abbaye de St-Bertin, par Guérard, 1 vol., le tome 3.

— Captivité de François Ier, par Champollion Figeac, 1 vol.

— Chronique des ducs de Normandie, par M. Francisque Michel, 3 vol.

— Catalogue des Artistes de l'Antiquité ou Manuel de l'Histoire de l'Art chez les Anciens, par M. le comte de Clarac, 1849, 3 vol. in-12.

— Documents Historiques extraits de la Bibliothèque royale, des Archives et des Bibliothèques des départements, par Champollion-Figeac, 3 vol.

— Histoire de la Croisade contre les Albigeois, par Fauriel, 1 vol.

— Iconographie Chrétienne, Histoire de Dieu, par M. Didron, 1 vol.

— Journal des États Généraux de France, par A. Bernier, 1 vol.

— Livre (le) des Métiers ou Règlement des Arts et Métiers de Paris au xiii° siècle, par Depping, 1 vol.

— Lettres des Rois, Reines et autres personnages des Cours de France et d'Angleterre, par M. Champollion-Figeac, 1er vol. (les autres manquent).

— Mémoires Militaires relatifs à la succession d'Espagne, par Pelet, 6 vol. (avec atlas).

— Négociations relatives à la succession d'Espagne sous Louis XIV, par Mignet, 4 vol.

— Négociations Diplomatiques entre la France et l'Autriche, par M. Le Glay, 2 vol.

— Ouvrages inédits d'Abélard, par Cousin, 1 vol.

— Olim (les) ou Registres des Arrêts rendus par la cour du roi, par le comte Beugnot, 4 vol.

— Procès-verbaux des États Généraux de 1793, par A. Bernard, 1 vol.

— Procès-Verbaux des séances du conseil du roi Charles VIII, 1 vol.

— Paris sous Philippe-le-Bel, par H. Géraud, 1 vol.

— Papiers d'État du cardinal de Granvelle, par Weiss, 5 vol. (manque le tome 2).

— Quatre (les) Livres des Rois, par Le Roux de Lincy, 1 vol.

— Rapports au Roi et Rapport au Ministre de l'Instruction Publique (supplément à la Collection des Documents inédits).

— Recueil des Lettres missives de Henri IV, par M. Berger de Xivrey, 3 v.

— Rapports au ministre, 1 vol.

— Relations des Ambassadeurs vénitiens sur les affaires de France, au
xvie siècle, par Tommasco, 2 vol.

D

1 Description de l'Égypte ou Recueil des Observations et des Recherches qui ont été faites en Égypte pendant l'expédition de l'armée
française, publié par les ordres de S. M. Napoléon le Grand, Paris,
Imprimerie Impériale, 1809, 6 vol. in-fol. de texte, et 17 vol.
de planches.

2 Description du Musée des Antiques de Toulouse, par Alexandre du
Mège, Paris, 1835, brochure in-8°.

3 Devoirs de l'Homme, par Silvio Pellico, brochure in-12.

4 Dictionnaire de Législation Usuelle, par M. de Chabrol-Chameau,
2 vol. in-4°.

5 Dictionnaire d'Agriculture pratique, Paris, 1836, 2 vol. in-8°.

6 Dictionnaire Universel de Géographie moderne, par Perrot et Me Ara-
gon, Paris, 1837, 2 vol. in-4°.

7 Dictionnaire Universel de Trévoux, Paris, 1743, 6 vol. in-fol.

8 Dictionnaire des Ménages, par Ant. Dubourg, Paris, 1837, 1 vol.
in-4°.

9 Dix Années d'épreuve pendant la révolution, par Lacretelle, 1 vol.
in-8°.

10 Dictionnaire Géographique, Historique, Administratif, Industriel et
Commercial de toutes les communes de France, par Girault et
St-Fageau, 3 volumes in-4°.

11 Divine Comédie (la) de Dante Alighieri, — Enfer, 1844, — Purgatoire,
1845, — Paradis, 1846, 3 vol. grand in-8°.

12 Dictionnaire complet d'Homère et des Homérides, par N. Theil et
Hallez, d'Arras, Paris, 1843.

13 Diplômes et Chartes de l'époque mérovingienne, par M. Letronne,
5 livraisons grand in-fol. et brochure in-8°.

14 Dictionnaire Universel d'Histoire et de Géographie, par Bouillet,
1851, 1 gros vol. in-8°.

15 Dictionnaire de Théologie , par Bergier , 1848 , 6 vol. in-8°.

16 Deux Règnes (les), par Belmontet, brochure in-12.

17 Dictionnaire raisonné d'Agriculture et d'Économie du Bétail, par Richard , 1854 , 2 vol. in-8°.

18 Deux Années de l'Histoire d'Orient, par de Cadalvène et E. Barrault , 1840 , 2 vol. in-8°.

19 Dictionnaire national de la Langue française, par Bescherelle , 1853, 2 vol. in-fol.

20 Dictionnaire Egyptien , par J.-F. Champollion-le-Jeune , 1841 , 1 vol. in-4°.

21 Description historique et graphique du Louvre et des Tuileries , par M. le comte de Clarac , 1853 , 1 vol. in-8°.

22 Dictionnaire raisonné de l'Architecture française , par Viollet-le-Duc , 1854 , 1 vol. in-8°.

23 Discours de Robert Lindet, an II, 1 vol. g. in-12.

24 Discours de Louis XVI et Ordonnances de MM. les Maires et Officiers municipaux de Villeneuve, an II, 1 vol g. in-12.

25 Décade (la) Philosophique et Littéraire, numéros 19, 21 , 23 , 24 , 25 et 26 , an II.

26 Dictionnaire de Musique par les frères Escudier, avec une préface de M. F. Halévy , 1854 2 vol. in-12.

27 Durfé (les), Souvenirs historiques et littéraires du Forez , par Auguste Bernard , Paris , 1839 , 1 vol. in-8°.

E

1 Edifices de Rome moderne , dessinés et publiés par Letarouilly , architecte , Paris , Firmin Didot , 1843 , 1 vol. in-4° de texte et 1 vol. grand in-fol. de planches.

2 Eléments d'Archéologie nationale , par le docteur Louis Batissier, Paris , 1843 , 1 vol. grand in-12.

3 Esquisses historiques des différents Corps qui composent l'armée française, par Joachim Ambert, dessins de C. Aubry, Paris, 1835, 1 vol. in-fol.

4 Essai de Classification des suites monétaires byzantines, par F. de
    Saulcy ; Metz, 1836 , 1 vol. petit in-4° avec atlas.

5 Essai historique et critique sur la Révolution française, par M. X...
    3° édition , Paris, 1845 , 3 vol. in-8°.

6 Essai sur la Littérature Scandinave, par X. Marmier, Paris, 1842,
    1 vol. in-8°.

7 Epîtres et Evangiles du Républicain, an II , brochure in-12.

8 Essai sur l'Etat physique, intellectuel et moral des Aveugles-nés, par
    P.-A. Dufau , Paris, imprimerie royale, 1837 , brochure.

9 Esquisse sur l'Espagne, par V.-A. Hubert, Paris, 1830, 1 vol. in-8°.

10 Essai sur l'Histoire du Portugal, par Chaumel de Stella et Auguste de
    Santeuil , Paris, 1839 , 2 vol. in-8°.

11 Essais historiques sur la ville de Valence, 1831 , 1 vol. in-8°.

12 Essais historiques sur la ville d'Etampes, par Maxime de Mont-Rond,
    1836 , 2 vol. in-8°.

13 Essai sur la Littérature Anglaise, par M. A. de Châteaubriand, Pa-
    ris, 1837, 2 vol. grand in-8°.

14 Essai sur la Philosophie des Sciences, par A. M. Ampère, Paris,
    1834 , 1 vol. in-8°.

15 Essai historique sur le Pont de Rialto, par Antoine Rondelet, archi-
    tecte, Paris, 1836, avec planches in-4°.

16 Etudes d'une Maison du XVIe siècle à Lisieux, dessinées par Challa-
    mel , avec une notice historique, grand in-4°.

17 Etudes progressives d'un Naturaliste, par Geoffroy Saint-Hilaire,
    Paris, 1835 , in-4°.

18 Etudes sur les Mystères, par Onezime Leroy, Paris, 1837, 1 v. in-8°.

19 Etude de Mœurs et de Critique sur les poètes latins de la décadence,
    par D. Nizard, Paris, 1834 , 2 vol. in-8°.

20 Examen critique des Doctrines de Gibbon, du docteur Strauss et de
    Salvador, par M.-N.-S. Guillou, évêque de Maroc, Paris, 1842,
    2 vol. in-8°.

21 Exposition, Abrégé des Preuves de la Doctrine Chrétienne, par
    l'abbé Martin de Noirlieu , brochure in-12.

22 Eléments de la Philosophie de l'Esprit humain, par Dugald-Hewart,
    Paris, 1843, 3 vol. grand in-12.

23 Essais statistiques et historiques du quatrième arrondissement du département de Lot-et-Garonne, par Auguste Cassany-Mazet, 1839, brochure in-8°.

24 Edifices Circulaires (les), par M. C.-E. Isabelle, Paris, Firmin Didot, 1843, 19 livraisons in-fol.

25 Encyclopédie du xix° Siècle avec le supplément et la table méthodique, 1837-1855, 53 vol. in-8°.

26 Embryogénie comparée, Cours sur le Développement de l'Homme et des Animaux, par M. Coste, Paris, 1837, 1 vol. in-8°, et atlas in-4°.

27 Emile ou de l'Education, par Jean-Jacques Rousseau, Paris, 1794, 3 vol. in-12.

28 Essai sur l'Histoire Municipale de la ville de Sisteron, par Ed. de Laplane, Paris, 1840, 1 vol. in-8°.

29 Esquisse archéologique des principales églises du diocèse de Nevers, par l'abbé Bourassé, Nevers, 1844, brochure in-8°.

30 Enquête sur les Fils de Laine, Longue Peignée, etc., Paris, imprimerie royale, 1838, in-4°.

31 Enquête sur les Fils et Tissus de Lin et de Chanvre, Paris, imprimerie royale, 1836, in-4°.

32 Eddas (les), traduits par Mlle du Puget, Paris, 1 vol. in-8°.

33 Essai sur les Écoles Philosophiques chez les Arabes, par Auguste Schmolders, Paris, 1842, 1 vol. in-8°.

34 Esprit de Montaigne, par Laurentie, 1829, 1 vol. in-18.

35 Enseignement Universel ou Encyclopédie de la Jeunesse, 1845, 1 vol. in-12.

36 Études Philosophiques sur le Christianisme, par Auguste Nicolas, 1851, 4 vol. in-12.

37 Encyclopédie des Connaissances Utiles, éditée par Garnier frères, 2 vol. grand in-8°.

38 Essai sur la Métaphysique d'Aristote, par Félix Ravaisson, imprimerie royale, 1837-1846, 2 vol. in-8°.

39 Essais de Michel de Montaigne, par P. Christian, 1855, 1 vol. in-12.

40 Esprit de l'Encyclopédie, par Hennequin, 15 vol. in-8°.

41 Etudes Historiques sur M. Thiers, par Laya, 2 vol. in-8º.
42 Eaux Potables, par J. F. Terme, 1844, 1 vol. grand in-8º.
43 Éléments de Paléographie, par M. Natalis de Wailly, 1838, 2 vol. grand in-4º.
44 Etablissement (de l') des Français dans la régence d'Alger, par M. G. de Bussy, Paris, 1835, 2 vol. in-8º.
45 Etat (de l') actuel de la Réforme des Prisons de la Grande-Bretagne, par M. Moreau, Christophe, imprimerie royale, 1838, 1 v. in-8º.
46 Eglises (les) gothiques, Paris, 1837, brochure in-8º.
47 Espagne (l') en 1843 et 1844, par Tanski, Paris, 1844, 1 v. in-8º.
48 Etudes sur la Société, par Léon Delaporte, 1855, 1 vol. in-8º.

F

1 Fastes poétiques de l'Histoire de France, par J.-L. Teys, Paris, 1840, 1 vol. in-8º.
2 Fragments sur la Structure et les usages des Glandes mamellaires du Cétacée, par Geoffroi St-Hilaire, Paris, 1834, brochure in-8º.
3 Fragments de Philosophie, par Williams Hamilton, Paris, 1840, 1 vol. in-8º.
4 Fablier Français, par Planche, 1830, 1 vol. in-18.
5 Fragments d'Huber sur les Abeilles, par Mayram, 1829, 1 v. in-18.
6 Feuille Villageoise, 4 années en 5 parties, formant 13 broch. in-12.
7 Fac-Simile, 1832, 1 vol. in-8º.
8 Fresques du Couvent de St-Marc, par M. Henri de Laborde, Curmer, édit., in-4º, 1re livraison seulement.

G

1 Galeries historiques de Versailles, 1 vol. in-fol. de texte et 9 vol. in-fol. de gravures :
1er vol. Plans, Vues du château de Versailles, Plafonds, Vues des châteaux royaux et résidences royales.

2me vol. Règne de Louis XIV à Louis XV.
3me — Campagne de 1792 à 1795.
4me — Empire.
5me — Restauration.
6me — Portraits des Amiraux, Connétables, Maréchaux, Guerriers.
7me — Rois de France.
8me — Portraits divers ; Règnes de Louis XIV et Louis XV.
9me — Louis XVI à Louis XVIII.

2 Galeries historiques de Versailles, supplément en cours de publication, 150 livraisons in-fol.

3 Galeries historiques de Versailles servant de texte aux tableaux des Galeries, Gavard, éditeur, Paris, 1839, 4 vol. in-4°.

4 Galeries historiques du Palais de Versailles, imprimerie royale, 1842, 9 vol. in-8°.

5 Galerie Bretonne, par feu O. Perrin, du Finistère, Paris, 1836-1837, 3 vol. in-8°.

6 Galerie Chronologique et Pittoresque de l'Histoire Ancienne, par feu O. Perrin, du Finistère, 33 livraisons in-folio.

7 Géographie Générale comparée, par Karl Ritter, Paris, 1836, 3 v. in-8.

8 Grammaire de Napoléon Landais, 1836, 1 vol. in-4°.

9 Grande Chronique de Mathieu Paris, traduite par Huillard Breholles, Paris, 1840, 6 vol. in-8°.

10 Guide aux Eaux minérales de la France et de l'Allemagne, par M. Isi. Bourdon, 1 vol. in-12.

11 Gravures avant la lettre, 4, sur papier de Chine, représentant des plantes, par Béry.

12 Georgius Codinus curopalata de officiis et officialibus magnæ ecclesiæ, Paris, 1625, 1 vol. in-4°.

13 Grégoire VII, St-François d'Assises, St-Thomas d'Aquin, M. de Lecluze, 1844, 2 vol. in-8°.

14 Gouvernement (le) de Louis XIV de 1683 à 1689, par Pierre Clément, 1848, 1 vol.

15 Galerie nationale des notabilités contemporaines, par St-Maurice Cabany, 1850, 3 vol. in-8°.

16 Géographie départementale de la France, Haute-Marne, Eure-et-Loir, Cher, Côte-d'Or, Ardennes, Aisne, Aube, Seine-et-Oise, Seine-et-Marne, Saône-et-Loire, Oise, Nièvre, Marne, Loiret, Indre, 15 vol. in-12.

17 Galerie de Rubens, atlas de 25 estampes in-fol.

18 Gaule Poétique (la), par M. de Marchangy, 1836, 8 vol. in-8°.

19 Gaule Méridionale (la), par Cénac Moncault, 1847, 2 vol. grand in-8° illustrés.

20 Globe terrestre, de Lapie, grand format, monté sur pied d'ébène.

21 Globe céleste, par Fremin, géogr., 1842, monté sur pied d'ébène.

22 Galerie des Portraits, Tableaux et Bustes du Château d'Eu, par Vatout, 1846, 5 vol. in-8°.

23 Génie (le) de Tertulien, par Nicolas de la Fayolle, 1660, 1 vol. grand in-8°.

24 Grammaire Egyptienne, par Champollion-le-Jeune, 1836, 1 vol. in-4°.

H

1 Hesiodi Carmina, grec et latin, Paris, Ambroise Firmin Didot, 1844, 1 vol. grand in-8°.

2 Histoire pittoresque de l'Angleterre, par B. Roujoux, sous la direction de MM. Taylor et Charles Nodier, Paris, 1835, 3 volumes in-4°.

3 Histoire d'Arménie, par le patriarche Jean VI, Paris, imprimerie royale, 1844, 1 vol. in-8°.

4 Histoire de la captivité de François Ier, par M. Rey, Paris, 1837, 1 vol. in-8°.

5 Histoire des Flamands du Haut-Pont et de Lyrel, par M. H. Piers, bibliothécaire à St-Omer, 1836, brochure in-8°.

6 Histoire des Progrès de la Civilisation en Europe, par H. Roux-Ferrand, Paris, 1833 à 1841, 6 vol. in-8°.

7 Histoire du Siége de Toulon par le duc de Savoie, par Charles de Lalonde, Toulon, 1834, brochure in-8°.

8 Histoire de l'Etablissement et de la Direction de l'Eglise Chrétienne par les Apôtres, traduite du docteur Néander, Paris, 1836, 2 vol. in-8°.

9 Histoire, Topographie, Antiquités, Usages, Dialecte des Hautes-Alpes (avec atlas), par C.-F. Ladoucette, Paris, 1834, 1 vol. in-8°.

10 Histoire sommaire de l'Architecture au Moyen-Age (avec atlas), par M. de Caumont, 1837, 1 vol. in-8°.

11 Histoire de Frédéric-le-Grand, par Camille Paganel, Paris, 1830, 2 vol. in-8°.

12 Histoire des Rois de Kachmir, Société Asiatique, imprimerie royale, Paris, 1840, grand et gros in-8°.

13 Histoire de la Gaule Méridionale, par M. Fauriel, Paris, 1836, 4 vol. in-8°.

14 Histoire de Charles Edouard, par M. Amédée Pichot, Paris, 1833, 2 vol. in-8°.

15 Histoire physiologique et patologique de la Saline, par le docteur A. Donné, Paris, 1836, brochure in-8°.

16 Hymnes de Callimaque en vers français, par Alfred de Wailly, Paris, 1842, 1 vol. in-8°.

17 Histoire de la Révolution Française, par M. A. Thiers, 12ᵉ édition, Paris, 1843, 10 vol. in-8°.

18 Histoire des Transformations Religieuses et Morales des Peuples, par Auguste Boulland, 1839, 1 vol. in-8°.

19 Histoire de la Littérature Française, par Dénisard, 1844-1849, 3 vol. in-8°.

20 Historiens Latins, par Laurentie, 1829, 1 vol. in-18.

21 Histoire des Pirates et Corsaires, par Christian, 1847, 4 vol. in-8°.

22 Histoire de l'Agenais, par Samazeuilh, 1846, 2 vol. in-8°.

23 Histoire de l'Administration en France, par C. Dareste de la Chavanne, 1848, 2 vol. in-8°.

24 Histoire de l'Empire Ottoman, par Théophile Lavallée, Garnier, 1855, 1 vol. grand in-8, avec gravures.

25 Histoire religieuse et monumentale du Diocèse d'Agen, par l'abbé Barrère, 1855, 2 livraisons grand in-4.

26 Histoire des Rivalités et des Luttes de la France et de l'Angleterre, par Laponneraye , 1843 , 2 vol. in-8.

27 Histoire de Cambrai, par Eugène Bouly, 1842 , 2 vol. in-8.

28 Histoire et Description des voies de communication aux Etats-Unis , par Michel Chevalier, 1840 , 3 vol. in-4, et atlas.

29 Histoire de la Vie et de l'Administration de Colbert , par Pierre Clément , 1846 , 1 vol. in-8.

30 Harmonies Catholiques, par le comte D. G. d'Albret , 1854 , 1 vol. in-8.

31 Histoire de l'Eglise de Ste-Geneviève , par l'abbé Ch. Ouin-Lacroix , 1852 , 1 vol. in-8.

32 Histoire du Consulat et de l'Empire, par M. A. Thiers , édition illustrée , 2 vol. in-8.

33 Histoire des ducs de Bourgogne de la maison de Valois , par M. de Barante , Paris , 1842 , 8 vol. in-8.

34 Histoire Générale et Particulière du développement des Corps Organisés, par M. Costes, 1847-1853, 3 facicules in-4, avec 16 livraisons de planches in-fol.

35 Histoire de Sisteron, tirée de ses archives, par Ed. de Laplane, Paris, 1843 et 1844 , 2 vol. in-8.

36 Histoire de Montauban, par H. Lebret, en 1668 , par MM. l'abbé Marcelin et G. Ruck , Montauban , 1841 , 2 vol. in-8.

37 Histoire de Saint-Loys, par Michel , 1830 , 1 vol. in-18.

38 Histoire de la conquête du Mexique , par Prescot , 1846 , 3 vol. in-8.

39 Histoire du Parlement de Paris, par S. A. Aubernas , 1847 , une brochure in-8 (1re partie).

40 Histoire des Mœurs et de la Vie privée des Français , par E. de la Bédolierre , 1847-1849 , 3 vol. in-8.

41 Histoire des Révolutions du Langage, par Francis Wey , 1 vol. in-8.

42 Histoire de France , par M. Laurentie , 8 vol. in-8.

43 Histoire du Midi de la France , par Mary Lafon , 1845 , 4 vol. in-8.

44 Histoire de la Convention nationale, par M. de Barante , 1851-1853 , 6 vol. in-8.

45 Histoire de Napoléon Ier , avec gravures, par Regnault, 4 vol. in-12.

46 Histoire des Animaux, par Pline , latin-français, 1845 , 1 vol. in-12.

47 Histoire littéraire du Poitou, par Dreux Duradier et de Lastic St-Jal,
   1849, 2 vol. in-8.
48 Histoire maritime de France, par Léon Guérin, 1844, 2 vol g. in-12.
49 Histoire de Paris, par J. Meindre, 1854, 5 vol. in-8, ornés de
   gravures.

I

1 Idées sur la Philosophie de l'Histoire de l'Humanité, par Herder,
   Paris, 1834, 3 vol. in-8.
2 Iliade (l') traduite en vers français, par A. Bignan, Paris, 1834,
   2 vol. in-8,
3 Illustrationes plantarum orientalium, par M. le comte Jaubert et
   N. Ed. Spach, 2 vol. in-4, texte et planches, et 26 livraisons
   faisant suite.
4 Instruction sur la Fabrication du Salpêtre, publiée par le comité con-
   sultatif, Paris, imprimerie royale, 1820, brochure in-4.
5 Introduction au plan de Jérusalem, par l'abbé André Dupuis, Paris,
   1844, 1 vol. in-8.
6 Itinéraire et Souvenirs d'Angleterre et d'Ecosse, Paris, 1834, 4
   vol. in-8.
7 Institution de Physique, édité par François Prault, Paris 1740,
   1 vol. in-8.
8 Inondations de la Garonne, de leurs effets, de leurs causes et des
   moyens de les prévenir, par A. Lamarque-de-Plaisance, Bor-
   deaux, 1846, brochure in-8 de 24 pages.
9 Illustres Médecins et Naturalites, par M. Isidore Bourdon, 1844,
   1 vol. in-12.
10 Influence des Voyages (de l') sur l'homme et sur ses maladies, par
   Dancel, 1846, 1 vol. in-8.
11 Identité du Typhus (de l') et de la Fièvre Typhoïde, par Gauttier
   de Chaubry, Paris, 1844, 1 vol. in-8.
12 Instruction pastorale de l'Evêque d'Agen, 1 vol. in-12.
13 Intérêts matériels (des) en France, par Michel Chevalier, Paris,
   1838, 1 vol. in-8.

14 Ibérie (de l'), par L. F. Glandin, Paris, 1838, 1 vol. in-8.

J

1 Job et les Psaumes, traduction par H. Laurens, Montauban, 1839, 1 vol. petit in-4.
2 Journal de la Navigation autour du Globe, par le baron de Bougainville, Paris, 1837, 2 vol. in-4 (avec atlas).
3 Jupiter. Recherches sur ce dieu, sur son culte, par Emeric David, imprimerie royale, 1833, 2 vol. in-8.
4 Jeanne d'Arc, par Alexandre Soumet, Paris, 1846, 1 vol. in-8.
5 Journal de la Belle-Poule, par de Lascases, 1841, 1 vol. in-8.
6 Journal de Lot-et-Garonne, septembre et octobre 1790, mars, avril, mai, juin, juillet, août, septembre, octobre, novembre et décembre 1791, janvier et février 1792.
7 Journal politique de Bruxelles, de 1785 à 1788, 2 brochures in-12.
8 Jeune Officier (le), par E., 1830, 1 vol. in-18.
9 Jésuites (les), par Arnould; Dutertre, 1846, 2 vol. grand in-8, édition illustrée.
10 Julie ou la nouvelle Héloïse, par J.-J. Rousseau; Barbier, 1845, 2 vol. grand in-8, édition illustrée.
11 Journal d'Agriculture, an II, 12 vol. in-12, brochés.
12 Journal d'Agriculture Pratique, faisant suite à la Maison Rustique, depuis 1837 jusqu'à la fin de 1855, Dussacq, 23 volumes grand in-8.

L

1 Lettres sur la Russie, par Eugène Robert, Paris, 1840, broch. in-8.
2 Lettres sur l'Amérique du Nord, par Michel Chevalier, Paris, 1838, 2 vol. in-8.
3 Lettres de Marguerite d'Angoulème, sœur de François Ier, publiées par M. Genin, Paris, 1841, 1 vol. in-8.

4 Louis-Philippe, prince et roi, par Eugène d'Auriac, 1843, brochure in-12.

5 Lois Civiles, le droit public, par M. Donnat, Paris, Nicolas Poirion,
1745, 3 vol. grand in-4°.

6 Latini Sermonis Vetustioris, reliquiæ selectæ, par A.-C. Eger, Paris, 1843, 1 vol. in-8°.

7 Lettres Opuscules et Mémoires de Mme Périer et de Jacqueline, sœurs
de Pascal, publiés par Faugère, Paris, 1845, 1 vol. in-8°.

8 Leçons de Philosophie, par P. Laromiguière, Paris, 1844, 2 v. in-8°.

9 Liberté du travail (de la), par Charles Dunoyer, Paris, 1845, 2
vol. in-8°.

10 Lettres d'Euler, par Laurentie, 1829, 1 vol. in-18.

11 Lettres des Femmes célèbres de France sous Louis XIV, par Da-
nielo, 1830, 1 vol. in-18.

12 Lettres de Milady Montague, par Henrion, 1830, 1 vol. in-18.

13 Lord Byron et Thomas Moore, par Nodier, 1829, 1 vol. in-18.

14 Lettres sur l'Education du Peuple, par Laurentie, 1 vol. in-18.

15 Lettres sur l'Angleterre, par Ed. Texier, 1851, 1 vol. in-12.

16 Lois, Rapports et Discours républicains, an IV, 4 vol. in-12.

17 Lait (du), et en particulier de celui des nourrices, par le docteur
Al. Donné, 1837, brochure in-8°.

M

1 Maison Rustique du XIXe siècle, sous la direction de M. G. Bailly de
Merlieux, Paris, 1835, 5 vol. in-8°.

2 Manuel d'Ornithologie, par C.-J. Temminck, Paris, 1840, 2 vol.
in-8°.

3 Manuel de la Civilisation et des Révolutions, par M. le baron Massias,
1 petit vol. in-32.

4 Maximes de Larochefoucauld, avec leurs paronymes, par M. le baron
Massias, 1 petit vol. in-32.

5 Manuel de l'Histoire générale de l'Architecture chez tous les peuples,
par Daniel Ramée, Paris, 1843, 2 vol. in-12.

6 Mémoire sur les Bibliothèques publiques et les principales bibliothèques particulières, par Le Glay, Paris, 1844, 1 vol. in-8°.

7 Mémoires de la Société royale des Antiquaires de France, nouvelle
série, 1835, 9 vol. in-8°.

8 Mémoire et Rapport sur les fumigations sulfureuses, par J.-C. Galès,
imprimerie royale, 1836, brochure in-8°.

9 Mémorial du Gouverneur Morris, traduit de l'anglais et annoté par
Aug. Gandais, 2 vol. in-8°.

10 Monuments inédits de l'Histoire de France, 1400-1460, par Adhelm
Bernies, Senlis, 1835, 1 vol. in-8°.

11 Monuments Anciens et Modernes, publiés sous la direction de M.
J. Gailhabaud, Firmin Didot, 4 vol. in-4° (incomplets).

12 Monuments de l'Egypte et de la Nubie, par Champollion-le-Jeune,
Firmin Didot, contenant 4 vol. g. in-fol. de planches et 1 brochure in-4° de notices descriptives.

13 Musée de Sculpture antique et moderne, par le comte de Clarac,
5 vol. de planches et 4 vol. de texte, incomplets (4 reliés).

14 Musée Industriel. Exposition 1834, 4 vol. in-8°.

15 Mystères inédits du xv° siècle, publiés par Achille Jubinal, Paris,
1837, 2 vol. in-8°.

16 Moyen-Age (le) monumental et archéologique d'après les dessins de
M. Chapuy, Paris, 1844-1842, 69 livraisons in-fol., publiées
par A. Hauser. (Il manque 116 planches à cet ouvrage.)

17 Mémoires de Fléchier sur les grands jours tenus à Clermont en 1665-
1666, publiés par Gonod, bibliothécaire, Paris, 1844, 1 vol.
in-8°.

18 Moniteur (le), année 1848, 4 vol. in-fol.

19 Million de Faits (un), 1846, 1 gros vol. in-12.

20 Manuel du Droit rural, 1848, 1 vol. in-8°.

21 Mémorial de Ste-Hélène, par M. de Lascazes, 9 vol. in-12.

22 Morceaux extraits de Pline, latin et français, Garnier, 1845,
1 vol. in-12.

23 Méditations Métaphysiques, par N. Mallebranche, 1831, 1 vol.
in-8°.

24 Mollusques de l'Agenais, par Gassies, 1849, 1 vol. in-8°.

25 Mémoires de Philippes de Commynes, par Mlle Dupont , 1847 , 3 vol. in-8°.

26 Mission morale de l'Art , par Auguste Boulland , 1852.

27 Méthode de Solfège et de chant, par Joseph Gomis, 1 vol. in-4°.

28 Mercure Français, 5 numéros d'avril 1795 , 11 mois de l'an III , et 5 mois de l'an IV , in-12.

29 Mémoires sur le département de la Nièvre , par N. de La Rochelle et Pierre Gillet , 1827 , 3 vol. in-8°.

30 Mœurs , Institutions et Cérémonies des peuples de l'Inde , par M. J.-A. Dubois , 1825 , 2 vol. in-8°.

N

1 Napoléon jugé par lui-même, par le baron Massias, Paris , 1823 , 1 vol. in-8°.

2 Notes d'un voyage en Corse , par P. Mérimée , 1 vol. in-8°.

3 Notes d'un voyage en Auvergne et dans le Limousin , par P. Mérimée , 1 vol. in-8°.

4 Notes d'un voyage dans le midi de la France, par P. Mérimée, 2 v. in-8.

5 Notes d'un Voyage dans l'ouest de la France , par P. Mérimée , Paris , 1836 , 1 vol. in-8°.

6 Notices politiques et littéraires sur l'Allemagne , par M. St-Marc Girardin , Paris , 1835 , 1 vol. in-8°.

7 Notice sur l'état actuel de l'Arc d'Orange et des théâtres antiques d'Orange et d'Arles , Paris , Firmin Didot , 1839 , brochure in-4° (avec plans).

8 Notices Pittoresques sur les Antiquités et les Monuments du Berry , et Histoire Monétaire du Berry , par Hazé , 23 liv. g. in-4°.

9 Nouveau Système d'études philosophiques , par M. Georges Oraneaux , Paris , 1830 , 1 vol. in-8°.

10 Nouvelle Histoire de Paris et de ses Environs , par M. J. de Gaulle , 3 vol. in-8°, le tome 1er manque.

11 Nouvelles Recherches sur les secours à donner aux noyés et asphyxiés , par O.-H. Marc , Paris , 1835 , 1 vol. in-8°.

12 Notices et Mémoires Historiques, par Mignet, Paris, 1843, 2 vol. in-8°.

13 Nouvelles Lettres de la Reine de Navarre à François Ier, son frère, par Génin, Paris, 1842.

14 Napoléon, ses Opinions et Jugements, par Damas Hinard, 1838, 2 vol. in-8°.

15 Numismatique Byzantine, par P. de Saulcy, 1836, 1 vol. in-8°.

16 Nérac et Pau, par M. Samazeuilh, 1854, 1 vol. in-8°.

17 Nécrologe universel, par Cabany, 1 vol. in-8°.

18 Normandie (la) souterraine, par M. l'abbé Cochet, 1854, 1 v. in-8°.

O

1 OEuvres complètes de P. Corneille, Paris, 1834, 2 vol. in-4°.

2 OEuvres complètes de J. Racine, Garnier, 1853, 1 vol. gr. in-8°, avec gravures.

3 OEuvres complètes de Buffon, avec les suites, par Achille Comte, dessins coloriés de Victor Adam, Abel Ledoux, 1845, 6 forts vol. in-8°.

4 OEuvres de Vauvenargues, 1823, 3 vol. in-18.

5 OEuvres de Locke et Léibnitz, Paris, Firmin Didot, 1839, 1 volume petit in-4°.

6 OEuvres complètes de Rutteboeuf, recueillies par Achille Jubinal, Paris, 1839, 2 vol. in-8°.

7 OEuvres Diverses du baron Massias, Paris, 1833, 2 vol. in-8°.

8 OEuvres de Piranesi, architecte vénitien, Paris, Firmin Didot, 1835, 29 vol. gr. in-fol. reliés en 27.

9 OEuvres d'Isaïe Teignier, traduites par Mlle du Puget, Paris, 1 vol. in-8°.

10 OEuvres de Henri Fonfrède, recueillies par Ch.-Al. Campan, son collaborateur, Paris, 1846, 7 vol. in-8°.

11 OEuvres choisies de Mme de Lambert, par Laurentie, 1829, 1 vol. in-18.

12 OEuvres complètes de Napoléon III, Empereur des Français, 4 vol.

grand in-8° (2 vol. à recevoir) , les 4 vol. ont été payés en sous-
crivant.

13 OEuvres posthumes de Philippe Duplessis , 5 vol. g. in-8° (traduction de Manti et d'Alfieri).

14 OEuvres de Guillaume Coquillart, 1847 , 2 vol. in-8°.

15   OEuvres diverses de A. Jubinal , brochures in-12 :
— Li Fablel dou Dieu d'amours.
— Lettre au Directeur de l'Artiste.
— La complainte d'Outre-Mer et celle de Constantinople.
— Un Sermon en vers.
— La Bataille et le Mariage des VII Arts.
— La Complainte et le Jeu de Pierre de la Broce.
— La Légende Latine de S. Brandaines.
— Le Sermon de Guichard de Beaulieu.
— Le Miracle de Théophile.
16 Offices des Décades , an II , brochure in-12.
17 Observations recueillies en Angleterre en 1835 , par C.-G. Simon ,
Paris , 1837 , 2 vol. in-8°.
18 Orateurs (les) de la Grande-Bretagne et de l'Irlande , par M. H. La-
louel , Paris , 1842 , 2 vol. in-8°.
19 Observations sur l'Histoire de France , par l'abbé de Mably , 1823 ,
3 vol. in-8°.
20 Organisation et Physiologie de l'Homme , par Achille Comte , 1851 ,
1 vol. in-8° , avec figures coloriées.
21 Opinion sur le jugement de Louis XVI, Agen , 1793 , 7 vol. in-12.
22 Orient (l') , par Eugène Flandin , 1853 , 6 livraisons in-fol.

P

1 Paradis Perdu (le) de Milton , traduction de Châteaubriand , Gosselin ,
1837 , 2 vol. g. in-8°.
2 Paradis Perdu (le) de Milton , par O. Jullivan , Paris , 1838 , 1 vol.
in-8°.

3 Penserosa, poésies nouvelles, par Louise Collet, Paris, 1840, 1 v. in-8.

4 Pierre l'Ermite et la 1re croisade , par Henry Prat , Paris 1840, 1 vol. in-8°.

5 Poésies morales et historiques , par le vicomte de Villers-du-Terrage , Paris , 1836 , 2 vol. in-8°.

6 Poésies de Magu , 1839 , 1 vol. in-12.

7 Plans , Coupes, Détails de la restauration de la Chambre des Députés, par Jules de Joly , Paris , 1840 , 1 vol. g. in-fol., texte et gravure.

8 Plutarchi Scripta Moralia (grec et latin) Paris , Firmin Didot, 1841 , 2 vol. petit in-4°.

9 Plan d'Éducation , par l'abbé Nicolle , brochure in-8°.

10 Philologie , Notions de Linguistique, par Ch. Nodier, Paris , 1834 , 2 vol. in-8°.

11 Précis de l'Histoire de Langres, par Migneret , avocat, Langres , 1835 , 1 vol. in-8°.

12 Principes du Droit Public ou Manuel du Citoyen sous un gouvernement représentatif, par M. Pincheiro-Ferreira, Paris , 1834 , 3 vol. in-12.

13 Principes de Littérature , de Philosophie et de Morale, par le baron Massias , 4 petits vol.

14 Principes d'Économie Politique et de Finances, par M. Ganilh, 1 v. in-8.

15 Projets de Trente Fontaines pour l'embellissement de Paris, par A.-L. Lusson , Paris , 1835 , texte et dessins in-fol.

16 Problèmes de l'Esprit Humain, par le baron Massias , Paris , 1835 , 1 vol. in-8°.

17 Progrès (du) Religieux, par P.-V. Glade , Paris , 1838 , 3 v. in-8°.

18 Promenades pittoresques à Hières, par M. Alph. Denis, 1842 , 1 vol. in-8".

19 Publications de la Société Archéologique de Montpellier, 13 livraisons in-4° (manquent les 8e, 9e, 14e et 16e).

20   PANTHÉON LITTÉRAIRE.

— Philosophie religieuse , St-Jérôme , 1 vol.

— Choix d'ouvrages mystiques, St-Augustin , St-Bernard , etc., 1 vol.

— Littérature française , œuvres de Bacon, 1 vol.

— Littérature. Choix de Monuments primitifs de l'Eglise chrétienne, notice de Buchon, 1 vol.

— Littérature. Choix des Moralistes français, 1 vol.

— Littérature. Lettres édifiantes et curieuses, 1 vol.

— Littérature. OEuvres de Michel Montaigne, 1 vol.

— Littérature. OEuvres de Descartes, 1 vol.

— Littérature. OEuvres de l'abbé Fleury, 1 vol.

— Littérature. OEuvres complètes de Brantome, 2 vol.

— Littérature. Les Chroniques de Jean Froissart, 3 vol.

— Histoire de la Décadence de l'Empire Romain, de Gibbon, 2 vol.

— Littérature Anglaise. Robertson, 2 vol.

— Littérature Italienne. Macchiavelli, 2 vol.

— Histoire d'Italie, par Guicciardini, 1 vol.

— Littérature Orientale. Les Mille et une Nuits, 1 vol.

— Histoire Grecque. Flavius, Joseph, 1 vol.

— Histoire Grecque. Thucidide et Xenophon, 1 vol.

— Histoire Grecque. Polybe, Herodien et Zozime, 1 vol.

— Histoire Grecque Hérodote, Ctesias, Arrien, 1 vol.

— Choix de Chroniques et Mémoires de l'Histoire de France, avec notices de Buchon, 14 vol., comprenant :

— 1° OEuvres Historiques inédites de Sire George Chastellain.

— 2° Mémoires sur les Règnes de Louis XI et Charles VIII, par Philippe de Commines. — Mémoire sur l'Expédition de Naples, par Guillaume de Villeneuve. — Mémoire sur la Maison de de Bourgogne, par Olivier de la Marche. — Chronique de J. de La Lain, par Georges Chastelain. — Chronique de la Trémouille, par J. Bouchet.

— 3° Chroniques d'Enguerrand de Monstrelet.

— 4° Chronique de 1444 à 1461, par Mathieu de Coussy. — Chronide Louis XI de 1461 à 1483, par Jean de Troyes. — Chronique du comte de Richemont, Chronique anonyme de la Pucelle, Interrogatoires de la Pucelle, Divers Documents sur la Pucelle, par Guillaume Gruel. — Mémoires de 1407 à 1427, Journal d'un Bourgeois de Paris de 1409 à 1449, Poème Anglais sur la bataille d'Azincourt, par Pierre de Fénin.

— 5° Mémoires de 1448 à 1467, Pièces relatives à la prise de Constantinople en 1453, par Jacques Du Clercq. — Mémoires de 1407 à 1435, Mémoires sur *Jacques Cœur*, et Actes de son Procès, par Jean Lefebvre, de Saint-Remy.

— 6° Chronologie Novenaire.

— 7° Mémoire de Michel de Marillac. — Mémoires d'Estat de Villeroy. — Mémoires du duc d'Angoulesme.

— 8° Commentaires du Maréchal Blaise de Montluc. — Mémoires du Maréchal de Vieille Ville.

— 9° Commentaires de l'estat de la Religion et République, par Pierre de La Place. — Histoire de l'Estat de France, Livre des Marchands, par L. Régnier de La Planche. — Mémoires, par Théodore Agrippa d'Aubigné. — Commentaires des dernières Guerres en la Gaule Belgique, par François de Rabutin.

—10° Mémoires de Gaspard de Saulx-Tavannes. — Mémoires de Boyvin du Villars.

—11° Chronique de Bayart, par le Loyal Serviteur. — Vie du Connétable de Bourbon, par Guillaume de Marillac. — Continuation de Marillac, par Antoine de Laval. — Sac de Rome en 1527, par Jacques Buonaparte. — Mémoires du Jeune Adventureux, par R. de La Marck, Seigneur de Fleurange. — Journal, par Louise de Savoye. — Mémoires, par Martin et Guillaume du Bellay.

—12° B. de Salignac. — G. de Colligny. — La Chastre. — Guill. de Rochechouart. — Michel de Castelneau. — J. de Mergey. — F. de La Noue. — Ach. de Gamon. — J. Philippi. — Duc de Bouillon. — Guill. de Saulx-Tavannes. — Marguerite de Valois. — Aug. de Thou. — J. Choisnin. — Merle.

—13° Chronicque de la Maison de Bourgoigne de 1500 à 1527, par Robert Macquéreau. — Mémoires, de 1528 à 1599, par le comte de Cheverny. — Mémoires, de 1599 à 1601, par Philippe Hurault. — Mémoires, de 1572 à 1587, par J. Pape, seigneur de Saint-Auban. — Satyre Ménippée.

—14° Les Négociations du Président Jeannin.

24 Poésies Anglaises, par Soulé et Henrion, 1830, 1 vol in-18.

22 Poésies Allemandes, par Gérard, 1830, 1 vol. in-18.

23 Poésie de Ronsard et de Régnier, par Gérard, 1830, 1 vol. in-18.

24 Plutarque Français (le), par Mennechet, 8 vol. g. in-8°, illustrés, avec gravures.

25 Patria, 2 vol. in-12.

26 Papillotos (las) de Jasmin, 1843, 3 vol. in-8°.

27 Poésies du duc Charles d'Orléans, par Aimé Champollion-Figeac, 1842, 1 vol. in-12.

28 Procès de Jeanne d'Arc, par Jules Quicherat, 1844-1849, 5 vol. in-8.

29 Portraits inédits d'Artistes Français, par Chenevière et Legrip, 2 livraisons in-fol., texte et planches.

30 Plan de Paris, par Jacoubet, sur deux feuilles grand aigle.

31 Procès-Verbaux de l'Assemblée Nationale des Allobroges, brochure in-12.

32 Projet de constitution de l'an III, Agen, an III, 3 vol. in-12.

33 Paupérisme (du) en France, par S. A. S. le prince de Monaco, Paris, 1839, brochures in-8°.

34 Pyrénées (les), voyage pédestre dans ces montagnes, par. M. Chausenque, Paris, 1834, 2 vol. in-8°.

Q

1 Quelques Infirmités de la main droite, par Cazenave, broch. in-12.

R

1 Roman de la Violette ou de Gérard de Nevers, publié par Francisque Michel, Paris, 1834, 1 beau vol. in-8°.

2 Roman de Berthe aux grands pieds, 1 vol in-8°.

3 Rapport de la Nature à l'Homme et de l'Homme à la Nature, par le baron Massias, Paris, 1821, 4 vol. in-8°.

4 Rapport historique sur le progrès des sciences naturelles depuis 1789, rédigé par Cuvier, imprimerie impériale, 1810, 1 vol. in-8°.

5 Rapport historique sur le progrès des sciences mathématiques depuis
1789, par Delambre, imprimerie impériale 1810, 1 vol. in-8°,

6 Rapport historique sur le progrès de l'Histoire et de la Littérature
ancienne depuis 1789, par M. Dacier, imprimerie impériale, 1810,
1 vol. in-8°.

7 Recherches sur la constitution et les formes de l'Église chrétienne,
par A. Bost, Genève, 1835, brochure in-8°.

8 Recherches sur l'Histoire et la Géographie de la Mésène et de la
Characine, par M. J. Saint-Martin, imprimerie royale 1838,
1 vol. in-8°.

9 Relation du Voyage de la commission scientifique de Morée, par
Bory de S¹-Vincent, Paris, 1836, 2 vol. in-8° de texte et 2 vol.
in-fol. de texte et gravures et atlas.

10 Révolution des Peuples de l'Asie, par A. Jardot, Paris, 1839,
2 vol in-8°.

11 Relations de Voyages en Orient de 1830 à 1838, par Aucher, Eloy,
Annotées par le comte de Jaubert, Paris, 1843, 2 vol. in-8°.

12 Reconnaissance (la) de Sacountala, drame en sanscrit et pracrit de
Calidara, par A.-L. Chéry, Paris, 1830, 1 vol. in-4°.

13 Romancero (le) français, histoire de quelques anciens trouvères,
par M. Paulin, Paris, 1833, 1 vol. g. in-12.

14 Rapports à la Convention, Agen, 1792, 6 vol. in-12.

15 Recueil des actions héroïques des républicains, an ii, broch. in-12.

16 Rapport sur les Traitements Orthopédiques, 1848, broch. g. in-4°.

17 Religion (la) et la Liberté, par l'abbé Bautani.

18 Rig-Veda, 1850, ou Livre des Hymnes, trad. du Sanscrit, par
Langlois, 4 vol. in-8°.

19 Recueil de Tableaux, par M. A., 1829, 1 vol. in-18.

20 Recherches historiques sur la principauté de Morée, par Buchon,
1843, 2 vol. in-8°, et atlas, in-4°.

21 Revue de l'Orient, Bulletin de la Société Orientale, commençant au
mois de mai 1843 et continué jusqu'en juin 1855, par livraisons
mensuelles, in-8°.

22 Reistres (les), Chronique des Guerres de Religion, par Victor Bo-
reau, 1837, 2 vol. in-8°.

23 Recherches Historiques, Biographiques et Littéraires sur le peintre Lantara, par B. de la Chavignerie, 1852, brochure in-8°.

24 Réforme des Prisons (de la), par Charles Lucas, Paris, 1836, 3 vol. in-8°.

25 République (la) Partenopéenne, par Jean La Cecilia, 1834, 1 v. in-8°.

S

1 Saint Juan d'Uloa ou Relations de l'Expédition Française au Mexique, par Blanchard et Dauzats, 1833, 1 vol g. in-8°.

2 Sainte Bible (la), ancien et nouveau Testament, traduite par Lemaistre de Sacy, illustré par Th. Fragonaud, Paris, Delloye, éditeur, un seul facicule in-fol. de 35 pages.

3 Statistique de la France, publiée par le Ministre de l'Agriculture et du Commerce, Paris, imprimerie royale, 1840, 2 vol, in-4°.

4 Statistique du Département de la Drôme, par Delacroix, Valence, 1835, 1 vol. in-4°.

5 Statistique du département de Saône-et-Loire, par Ragut, Macon, 1838, 2 vol. in-4°.

6 Souvenirs Historiques des Résidences Royales, par J. Vatout, 1837 :
— Palais de Versailles, 1 vol. in-8°.
— Palais de Fontainebleau, 1 vol. in-8°.
— Palais-Royal, 1 vol. in-8°.
— Palais de St-Cloud, 1 vol. in-8°.
— Château d'Eu, 1 vol. in-8°.
— Château d'Amboise, 1 vol. in-8°.
— Château de Compiègne, 1 vol. in-8°.

7 Sites et Monuments du Département de l'Aveyron, dessinés par F.-A. Pernot et lithographiés par Jules Coignet, Paris, Firmin Didot, 1838, vol. in-fol. (texte et gravures).

8 Souvenirs Militaires de l'Histoire Contemporaine, par le général Baron Auguste Petiet, Paris, 1844, 1 vol in-8°.

9 Science (la) de la Vie, par Valerie, Paris, 1842, 1 vol. in-8°.

10 Sterne et Makensie, par Henrion, 1829, 1 vol. in-18.

11 Soirées de l'Ouvrier, par Hippolyte Violeau, 1851, 1 vol. in-12.

12 Sébastopol, par La Bedolière, 1855, brochure in-4°.

13 Souvenirs Numismastiques de la Révolution de 1848, J. Rousseau, éditeur, 20 livraisons in- 4°, texte et gravures.

14 Solfège concertant, à deux, trois ou quatre voix, par A. Panseron, 1851, 1 vol. in-8°.

15 Syrie (la), l'Egypte, la Palestine et la Judée, par M. le baron Taylord et Louis Reybaud, Paris, 1838, 2 vol. in-4°.

T

1 Testament Philosophique et Littéraire de Lacretelle, Paris, 1840, 2 vol. in-8°.

2 Théorie du Beau et du Sublime, par le baron Massias, Paris, 1824, 1 vol. in-8°.

3 Théâtre de Schiller, traduction de X. Marmier, Paris, 2 vol. in-12 (en 2 séries).

4 Théâtre de Mme Ancellot, Paris, 1841, 1 vol. in-12.

5 Théorie du Code pénal, par Chauveau, Adolphe et Faustin Héli, 1835-1840, 8 vol. in-8°.

6 Thesaurus Graecæ Linguæ, Paris, 1831, Firmin Didot, 7 vol. et 2 facicules (en tout 51 facicules).

7 Trésor de Numismatique, 11 vol. in-fol., contenant : Mythologie. — Numismatique grecque. — Iconographie des empereurs romains. — Bas-reliefs de la frise du Parthenon. — Monnaies. — Médailles italiennes des xv° et xvi° siècle. — Médailles allemandes. — Médailles des Papes. — Médailles françaises depuis Charles VII jusqu'à Louis XVI. — Sceaux des rois et reines de France. — Sceaux des grands feudataires. — Sceaux des communes, communautés, évêques, abbés et barons. — Sceaux anglais. — Bas-reliefs et ornements. — Médailles de la révolution française. — Empire français.

8 Têtes calquées sur les fresques de Raphaël, par C.-L.-M.-A. Belle, 4 livraisons in-fol.

9 Traité des Eaux minérales et Établisements thermaux des Pyrénées-
Orientales, par J. Anglada, Montpellier, 1833, 2 vol. in-8°.

10 Traité de culture forestière, par Henri Cotta, Paris, 1836, 1 vol.
in-8°, traduit de l'Allemand.

11 Traité de matériaux manuscrits de divers genres d'histoire, par
A.-A. Monteil, Paris, 1836, 2 vol. in-8°.

12 Traité de Philisophie Psychophisiologique, par le baron Massias, Paris, 1830, 1 vol. in-8°.

13 Traité d'Education, anonyme, Amsterdam, 1716, 2 vol. in-12.

14 Tenue des Livres (la) et Cours complet de Contentieux commercial,
par Louis Deplanque, 1 vol. g. in-8.

15 Tombeau (le) de Marcos Botzaris, par Camille Paganel, Paris, 1826,
1 vol. in-8°.

16 Tableaux Anecdotiques de la Littérature française, par Janin, 1829,
1 vol, in-18.

17 Trois Conjurations (les), par Ch. Nodier, 1830, 1 vol. in-18,

18 Traits remarquables de l'Histoire universelle, par Stretch, 1838,
1 vol. in-8°.

19 Traité du Régime Pénitentiaire, 1847, 1 vol. in-8°.

20 Théâtre d'Eschyle, par Francis Robin, Hachette, 1836, 1 vol.
in-12.

21 Trésor du Peuple, par Désarènes, ouvrier, 1 vol.

22 Traité complet de la Peinture, par Paillot de Montabes, 9 vol. in-8,
et 1 vol. de planches.

23 Théâtre de Plaute, français-latin, par J. Nandet, Lefèvre, 1845,
4 vol. in-12.

24 Terreur (la), par Léon Bleynie, (Noël de Fombeude) Villeneuve,
Duteis, imp., 1847, 2 volumes in-8°.

25 Traité élémentaire de Pathologie interne, par MM. A. Hardy et
J. Béhier, 1844, 2 vol. in-8.

26 Travaux d'Hercule, composés par N. Poussin, album in-fol.

27 Théories complètes du Chant, par M. Stéphen de la Madeleine,
1 vol. in-8.

28 Turquie (la) d'Europe, par Am. Boué, Paris, 1840, 4 volumes
in-8.

V

1 Vie des Peintres, Sculpteurs et Architectes, Par Giorgio, Vasari, Paris, 1839-1842, 10 vol. in-8, avec 124 portraits.

2 Voyage en Russie, par Renouard Bussières, Paris, 1834, 4 vol. in-8.

3 Voyage dans la Régence d'Alger, par M. Rozet, Paris, 1833, 3 vol. de texte avec atlas in-4.

4 Voyage du Luxor en Égypte par M. Verninac St-Maur, capitaine de corvette, commandant l'expédition, Paris, 1835, 1 vol. in-8.

5 Voyage en Islande et au Groënland, sous la direction de Paul Gaimard, 34 livraisons in-fol. de lithographies, 9 livraisons de texte et 2 livraisons de gravures in-8.

6 Voyage autour du Monde, sur la *Favorite*, par M. de Laplace, 4 v. in-8 (avec atlas in-fol.).

7 Voyage dans l'Amérique méridionale, par M. A. d'Orbigny, 18 vol. in-4 (incomplets).

8 Voyage et découvertes au terres Australes, par Peron, continué par Louis de Freycinet, Paris, 1824, 4 vol. in-8 (avec atlas in-4.).

9 Voyage de Dentrecasteaux, envoyé à la recherche de Lapeyrouse, par Beautemps Beaupré, 1807, imprimerie impériale, 1808, 2 v. in-4, avec atlas in-fol.

10 Voyage autour du Monde de G. Vancouver, imprimerie de la république, an VIII, 3 vol. in-4, avec gravures et un atlas.

11 Voyage autour du Monde sur les corvettes l'*Uranie* et la *Physicienne*, par Louis de Freycinet, 2 vol. in-4, avec atlas in-fol.

12 Voyage autour du Monde par les mers de l'Inde et de la Chine, sur la corvette la *Favorite*, en 1830-1831-1832, par M. de Laplace, imprimerie royale, 1833-1839, 5 vol. in-8, et atlas hydrographique.

13 Voyage en Orient, par M. Léon de Laborde, divisé en voyage dans l'Asie Mineure, et voyage en Syrie, 2 vol. g. in-fol.

14 Voyage dans l'Arabie Pétrée, par Léon de Laborde et Linant, 1 vol. texte et gravures in-fol.

15 Voyage en Perse de MM. Flandin et P. Costes, sous la direction de

MM. Burnouf, Lebas et Leclerc, membre de l'institut, 73 livraisons in-fol., complet, 2 vol. de texte.

16 Voyage en Scandinavie, Laponie, Spitzbert et aux Féroë, sur la corvette la *Recherche*, commandée par M. Fabvre, sous la direction de M. P. Gaimard, 23 livraisons de texte et 74 livraisons de gravures.

17 Voyage au Pôle sud et dans l'Océanie, sous le commandement de M. Dumont-d'Urville, Paris, 1843, 9 vol. avec atlas in-fol. pittoresque et d'histoire naturelle.

18 Vues des Sites les plus célèbres de la Grèce antique, par Théodore Aligny, 5 livraisons g. in-fol.

19 Voyage en Turquie et en Perse en 1846, par Xavier Hommaire de Hell, 1847 et 1848, 1 vol. de texte et 11 livraisons in-fol.

20 Voyage au Soudan Oriental, par Pierre Trémaux, 10 livrais. in-fol. texte et planches.

21 Voyage aux Sources du Rio de San-Francisco, 1847, 2 vol in-8.

22 Voyage de Paris à Constantinople, par Marchebens, 1839, 1 vol. g. in-8, orné de gravures.

23 Voyage en Navarre, pendant l'insurrection des Basques, par Auguste Chaho, Paris, 1836, 1 vol. in-8.

24 Voyage à Londres, par Xavier Duteis, 1851, in-fol.

25 Vitruve, publié par E. Tardieu et A. Coussin, architectes, Paris, 1837, 1 vol. in-4. (manque depuis la 112ᵉ page jusqu'à la 145ᵉ de la 1ʳᵉ partie et les planches 8, 17, 19 et 20).

26 Vignole Centesimal, ou les Règles des cinq ordres d'Architecture de Vignole, par F. Bénard, architecte, Paris, 1842, br. g. in-8.

27 Voyage du Jeune Anacharcis, par Barthélemy, 8 vol. in-18.

28 Versailles, salle des Croisades, album de quelques feuilles in-fol.

29 Vies des Saints (les), par une réunion d'ecclésiastiques, Garnier frères, 1854, 200 livrais. g. in-8, ouvrage illustré et complet.

Dans l'envoi du Ministère d'Etat du 15 Août 1855, ne se trouvaient pas : La *Réunion du Louvre* et les *Populations Ouvrières*, annoncés dans la lettre d'avis. — Les Eglises gothiques v. in-8. P. P. ergettr.

Imp. de X Duteis, à Villeneuve.